Richard Deiss

Neue Fachwerkhäuser

Rekonstruierte, translozierte und andere neu errichtete Fachwerkhäuser

Impressum

Autor: Richard Deiss
Cover: Richard Deiss

Kontakt: richard.deiss@gmail.com

Verlag: BoD · Books on Demand GmbH,
In de Tarpen 42, 22848 Norderstedt,
bod@bod.de

Druck: Libri Plureos GmbH,
Friedensallee 273, 22763 Hamburg

ISBN: 978-3-7693-2776-2

Erste Auflage 2025, Originalausgabe

Bibliografische Information der Deutschen Nationalbibliothek
Die Deutsche Nationalbibliothek verzeichnet diese Publikation in der Deutschen Nationalbibliografie; detaillierte bibliografische Daten sind im Internet über http://dnb.d-nb.de abrufbar

Inhaltsverzeichnis

Vorwort

Ich bin ein Städte-Vielreisender und habe in Deutschland bereits 1715 Städte besucht. Nach einer Buchreihe zu Denkmälern in Städten, welche ich seit Juni 2022 publiziert habe, erinnerte ich mich, dass ich in den besuchten Städten auch immer wieder interessante Fachwerkhäuser fotografiert hatte. So beschloss ich im Frühjahr 2023, ein Buch zu den 100 beeindruckendsten von mir besuchten Fachwerkhäusern zu publizieren. Dieses ergänzte ich dann bis Herbst 2024 durch sieben Regionalbände mit insgesamt 700 Fachwerk-häusern. In einigen Städten waren rekonstruierte Fachwerkgebäude darunter, so in Hildesheim, Braunschweig und Frankfurt. Aber auch in kleineren Städte gab es immer wieder weniger bekannte Beispiele für Rekonstruktionen und zudem für translozierte Fachwerkhäuser oder alte Baustile nachahmende neu gebaute Fachwerkhäuser. Das brachte mich auf die Idee, rekonstruierte und andere neu entstandene Fachwerkhäuser in einem Band zusammenzustellen. Die Sammlung musste dabei über reine Rekonstruktionen von Fachwerkhäusern hinauszugehen, um die nötige Anzahl für ein kleines Bändchen zusammen zu bekommen.

Nach weiteren Reisen und Entdeckungen kann die Liste hoffentlich in künftigen Auflagen erweitert werden.

Die Arbeit am Büchlein hat mir geholfen, besuchte rekonstruierte Fachwerkhäuser nochmal in Erinnerung zu rufen und nach weiteren neuen Fachwerkhäusern Ausschau zu halten. Ich freue mich, wenn das Buch interessierte LeserInnen findet, die es lehrreich und unterhaltsam finden oder sogar zu eigenen Besuchen angeregt werden. Kommentare sind jederzeit willkommen.

Viel Spaß beim Lesen und dem Betrachten der Fachwerkhäuser.
Isny, im Januar 2025
Richard Deiss

Einleitung

In diesem Büchlein sind etwa 40 rekonstruierte, translozierte oder neu geschaffene Fachwerkhäuser zusammengestellt. Fast die Hälfte dieser Gebäude findet sich in den drei Städten Braunschweig (4), Hildesheim (6) und Frankfurt (9). Fast alle Gebäude finden sich in Deutschland, eines in Großbritannien (London).

Meine Top-10 der präsentierten Rekonstruktionen sind hier aufgelistet:

Die Top-10 der Rekonstruktionen (mit Wikipedia Artikel:▤)

Region	Fachwerkgebäude, Stadt, errichtet
Aschaffenburg	Löwenapotheke (1995) ▤
Braunschweig	Alte Waage (1994) ▤ ☆
Frankfurt	Goldener Engel (1984) ▤
	Schwarzer Stern (1983) ▤
	Goldene Waage (2018) ▤
Hanau	Goldschmiedehaus (1950er) ▤
Hildesheim	Knochenhaueramtshaus (1989) ▤
	Wedekindhaus (1986) ▤
	Umgestülpter Zuckerhut (2010) ▤
Rothenburg	Gerlachschmiede (1951) ▤

1. Berlin und der Osten

Während in den 1980ern in Frankfurt die Römerberg-Ostzeile wieder aufgebaut wurde und in Hildesheim die Rekonstruktion des Marktplatzes begann, gab es mit dem Haus zum Sonnenborn in Erfurt auch im Osten Rekonstruktionsaktivitäten. Bereits 1906 wurde zudem in Meiningen der Erker des abgebrannten Merkelschen Hauses nachgebaut. Obwohl Berlin eigentlich keine Fachwerkstadt ist, gab es im Westteil auch (bescheidene) Bemühungen, Fachwerkstraßen wieder herzustellen. In Berlin gibt es eigentlich nur im Stadtteil Spandau eine kleinere Fachwerkzeile. Beim Haus Kolk 2, im Bild unten ganz rechts, wurde nach 1983 der Putz abgeschlagen und das Fachwerk freigelegt. Das Haus wird auf das Jahr 1700 datiert. Eine Fachwerkfreilegung gab es in einem weiteren Haus der Straße und einen Fachwerkneubau beim Haus ganz links. In Spandau gibt es zudem das Wendenschloss, ein Bau mit vorgeblendetem Fachwerk.

Stadt, Gebäude	erbaut	neu erbaut	Maßnahme
Berlin, Wendenschloss		1970er	Neubau
Erfurt, Haus zum Sonnenborn	1534	1994	Reko
Meiningen, Merkelsches Haus	1524	(1955)	Teilreko

Wendenschloss (1970er)

Hier stand ein im 18. Jahrhundert errichtetes Ackerbürgerhaus. 1966 wurde es trotz Denkmalschutz abgerissen. Die Nikolaigemeinde errichtete einen Neubau mit vorgeblendetem Fachwerk.

Adresse: Jüdenstraße 35

Kolk 5 (1975)

Heute zeigt die Straße Kolk in Berlin-Spandau eine kleine Fachwerkzeile. Mehrere der um 1700 datierten Häuser bekamen seit den 1980er
Jahren ihre Fachwerkfassade zurück. Kolk Nummer 5, das Haus ganz
links mit dem pyramidenförmigen Dachaufsatz, ist jedoch ein Neubau
aus dem Jahr 1975 mit Fachwerkfassadenbild.

Haus zum Sonnenborn (1536/1989) ★

Als man 1985, in den Spätjahren der DDR, mit der Rekonstruktion des Gebäudes begann, war nur noch das prächtige Portal und der erste Stock mit der Bohlenstube und den Renaissancemalereien erhalten. Der Rest des Gebäudes wurde bis 1989 mit Hohlblocksteinen aufgebaut, im Giebel Fachwerk vorgeblendet und die Innenräume von DDR-Künstlern ausgestaltet. Heute findet sich im Gebäude das Erfurter Standesamt und etwa 1000 Paare lassen sich hier pro Jahr trauen.

Adresse: Große Arche 6

Schlundhaus/Merkelsches Haus (1597/1906) (📄)

Das 1597 erbaute Merkelsche Haus in Meiningen war ein prächtiges Fachwerkhaus, welches leider beim Großen Stadtbrand im Jahre 1874 zerstört wurde. Sein Fachwerkerker wurde jedoch 1906 an der Gaststätte Schlundhaus nachgebaut und gibt so einen Eindruck des Detailreichtums der Fassade des verloren gegangenen Hauses.

Adresse: Schlundgasse 4

2. Norddeutschland

Vor den Zerstörungen des 2. Weltkriegs gehörten Braunschweig (einst 800 Fachwerkhäuser alleine in der Altstadt) und Hildesheim (2000 Fachwerkhäuser) zu den fachwerkreichsten Städten Deutschlands. In beiden Städten gingen etwa 90% des Fachwerkbestandes durch den Krieg verloren. Neben Frankfurt gehören Hildesheim und Braunschweig allerdings auch zu den Städten mit den meisten Fachwerkhausrekonstruktionen, in Braunschweig teilweise als Folge von Gebäudeversetzungen, in Hildesheim teilweise Fassadenrekon-struktionen. Hannover und Osnabrück sind weitere Städte mit rekonstruierten Fachwerkhäusern.

Braunschweig

Gebäude	erbaut	neu erbaut	Maßnahme
Alte Waage	1534	1994	Reko
Huneborstelsches H.	1524	(1955)	Transloz
Rüninger Zollhaus	1643	1950	Transloz
Hint. d.Magnikirche 4	1514	1950er	Translokz

Hildesheim

Gebäude	erbaut	neu erbaut	Maßnahme
Knochenhaueramtshaus	1529	1989	Reko
Bäckeramtshaus	1825	1989	Reko
Wedekindhaus	1598	1986	Fass. Reko
Umgestülpt. Zuckerhut	1510	2010	Reko
Stadtschänke	1666	1989	Fass. Reko
Wollenwebergildehaus	1520	1989	Fass. Reko

Hannover

Knochenhauer 34	1646	1972	Reko/Transl

Osnabrück

Dielingerstr. 143	1913	1950er?	Reko

Alte Waage (1534/1994) ☆ 📄

Das größte und beeindruckendste Fachwerkhaus Braunschweigs wurde 1534 auf dem Wollmarkt erbaut, jedoch 1944 durch mehrere Bombenangriffe zerstört. Ab 1991 wurde es originalgetreu rekonstruiert und 50 Jahre nach seiner Zerstörung stand es in alter Frische in der Braunschweiger Neustadt, unweit der Andreaskirche, jedoch umgeben von Nachkriegsbauten. Das einstige Speicher- und Waagehaus dient heute der Volkshochschule als Verwaltungs- und Veranstaltungsraum.

Adresse: Wollmarkt, Neustadt

Huneborstelsches Haus (1524) 📄

Das nach dem Braunschweiger Kaufmann **Huneborstel** (1503-1552) benannte Haus stammt ursprünglich aus dem Jahre 1524 und wurde einst aufgrund des detaillierten Figurenfrieses des Braunschweiger Holzbildhauers Simon Stappen als *reichster Holzbau der Stadt* bezeichnet. Das Gebäude stand ursprünglich in der Sackstraße. Als es abgerissen wurde, kaufte die Stadt die Fassadenelemente und blendete sie dem Gildehaus, einem Neubau am Burgplatz, vor. Im Zweiten Weltkrieg wurde die Fassade zum Schutz vor Bomben abgenommen und kam erst wieder 1955 in die Stadt zurück. Heute sieht das Gebäude älter und historischer aus, als es in Wirklichkeit ist.

Adresse: Burgplatz

Ehemaliges Rüninger Zollhaus (1643/1950) 📄

Im Zweiten Weltkrieg wurde der Braunschweiger Altstadtmarkt stark zerstört. Während das große Gewandhaus wieder hergestellt werden konnte, wurden die kleineren Häuser am Altstadtmarkt so stark zerstört, dass sie nicht wieder aufgebaut werden konnten. Die Lücke, die nun zwischen Gewandhaus und Martinikirche bestand, wollte man jedoch schließen. So kam man auf die Idee, das Rüninger Zollhaus, welches sich in einem schlechten Zustand befand und ein Hindernis für den Straßenverkehr war, abzubauen und die wichtigsten baulichen Elemente für einen Wiederaufbau am Braunschweiger Altmarkt zu restaurieren. Das ehemals zweigeschossige Zollhaus bekam dort ein steinernes Sockelgeschoss mit einem Eingang auf der Westseite. Dem Gastwirt des seit über 650 Jahren bestehenden Gewandhauskellers, Peter Borel, diente das Haus fortan als Wohnhaus.

> Dieses Haus wurde A.D. 1643 als Zollhaus in Rüningen an der alten Reichstraße nach Frankfurt erbaut und 1948-50 hier vom Gewandhauswirt Peter Borel im Original wieder errichtet

Adresse: Altstadtmarkt 9

Hinter der Magnikirche 4

Dieses Fachwerkhaus stand einst als Pfarrhaus am Kohlmarkt, wurde 1895 zur Hälfte abgerissen und der erste Teil des Spruchbalkens kam ins Städtische Museum. Der zweite Teil des Hauses kam heil durch den Zweiten Weltkrieg wurde jedoch 1954 abgerissen. Als das Haus hinter der Magnikirche rekonstruiert wurde, verwendete man Teile des abgerissenen Gebäudes und setzte den Spruchbalken wieder ein.

Knochenhauerstraße 34 (1646/1972)

Im Zweiten Weltkrieg wurde das Fachwerkhaus durch Luftangriffe schwer beschädigt. 1972 wurde das Haus als giebelständiges dreigeschossiges Gebäude neu errichtet. Dabei wurden Balkenstücke des Vorgängerbaus einschließlich der Inschriften verwendet. Die Schwebebalken im Giebel stammen allerdings aus einer nach 1570 erbauten Wassermühle in Bad Münder.

Hildesheim

Hildesheim hatte einst mit fast 2000 Fachwerkhäusern zusammen mit Braunschweig und Frankfurt die größte Fachwerkaltstadt Deutschlands, vielleicht Europas. Im Zweiten Weltkrieg wurden jedoch 90% der Fachwerkhäuser zerstört. Nur in der südlichen Innenstadt sind einzelne Straßenzüge mit insgesamt etwa 200 Fachwerkhäusern erhalten geblieben. Ein Wiederaufbau der Innenstadt im Stil der 1950er Jahre hatte aus dem einst bedeutenden Marktplatz einen eher gesichtslosen, öden Ort werden lassen. Das Unbehagen darüber hat zur Rekonstruktion von Bauwerken oder deren Fassaden geführt. Die spektakulärste Rekonstruktion war dabei das Knochenhaueramtshaus. Beim Wedekindhaus, der Stadtschänke und dem ehemaligen Wollwebergildehaus wurden nur die Fassaden rekonstruiert.

Bäckerhaus, Knochenhaueramtshaus und Stadtschänke (von links)

Knochenhaueramtshaus (1529/1989) ☆ 🗎

Das 1529 erbaute Hildesheimer **Knochenhaueramtshaus** war ursprünglich das Gildehaus der Fleischer. Nachdem Fachwerk neue Wertschätzung erfahren hatte, wurde das Haus 1853-54 umfassend instandgesetzt. Danach galt es als *das schönste Fachwerkhaus der Welt*. Nachdem bereits ein Brand im August 1884 das Gebäude erheblich beschädigt hatte, kam es am 22. März 1945 durch einen britischen Luftangriff zu einer völligen Zerstörung. Der einst prächtige Marktplatz war in den Nachkriegsjahrzehnten lange ein unwirtlicher Ort. Nachdem die Stadtsparkasse den Beschluss gefasst hatte, das Wedekindhaus am Marktplatz wieder zu errichten, beschloss die Stadtverwaltung, den historischen Marktplatz wieder aufzubauen. Während bei den anderen Gebäuden nur die Fassaden wiedererstanden, wurde das Knochenhaueramtshaus 1986-1989 in traditioneller Fachwerkbauweise rekonstruiert. Dazu wurden 400 m² Eichenholz und 7500 Holznägel verwendet.

Adresse: Markt 7

Bäckeramtshaus (1825/1989)

Ein erstes Zunfthaus wurde von den Hildesheimer Bäckern bereits 1451 am Marktplatz errichtet. 1825 wurde das Gebäude im Stil der Zeit stark überformt. Nach der Zerstörung im Zweiten Weltkrieg wurde das an das Knochenhaueramtshaus angrenzende Gebäude mit diesem in den Jahren 1987-89 rekonstruiert. Das einfache Fachwerk ist mit Backstein gefüllt. Zur Rathausstraße besteht ein offener Arkadengang (Bild unten links).

Adresse: Markt 8

Wedekindhaus (1598/1986) ☆ 🗎

Das ursprüngliche **Wedekindhaus** wurde 1598 vom Kaufmann Hans Storre schräg gegenüber dem Hildesheimer Rathaus errichtet. Benannt ist es heute nach dem späteren Eigentümer Wedekind. 1900 wurde es saniert und beherbergte danach Büroräume. Beim Luftangriff auf Hildesheim im März 1945 wurde das Wedekindhaus vollständig zerstört. 1950 entstand an der Stelle des Hauses ein schlichter Nachkriegs-Sparkassenbau. Im Zuge der Wiederherstellung des alten Bildes des Marktplatzes wurde der Sparkassenbau 1983 abgerissen und einem 1984-86 entstandenen Neubau der Sparkasse die originalgetreu rekonstruierte Fassade des Wedekindhauses vorgeblendet. Die dreigiebelige Hauptfassade aus Eichenholz ist sehr reich mit Schnitzereien geschmückt, was das optisch beeindruckende Gebäude älter und historischer erscheinen lässt, als es in Wirklichkeit ist.

Adresse: Rathausstraße 21

Stadtschänke (1666/1989)

Das Haus Markt 4 (Stadtschänke, am Haus als Stadtschenke bezeichnet) wurde ursprünglich 1666 errichtet und zeigt typische Elemente eines frühbarocken Fachwerkbaues. Das große Dielentor wurde bereits um 1800 zu einem klassizistischen Hauseingang umgebaut. Nach der Zerstörung des Gebäudes im Zweiten Weltkrieg wurde bis 1989 die Fassade rekonstruiert und dem Betonneubau eines Hotels vorgeblendet. In den oberen Etagen sind verzierte Balkenköpfe zu sehen. Ansonsten ist die symmetrische Fassade eher arm an Zierformen.

Adresse: Markt 4

Ehemaliges Wollwebergildehaus (1520/1989)

Das ehemalige Wollwebergildehaus wurde 1520 erbaut und bei der Bombardierung Hildesheims im März 1945 zerstört. 1989 wurde eine rekonstruierte Fassade dem Betonbau eines Hotels am Markt vorgeblendet. Weil das Ursprungsgebäude aus der Renaissancezeit stammt, ist die Fassade des Gebäudes etwas reicher an Zierformen als die nachempfundene Barockfassade des Gebäudeteils Markt 4. Die oberen Stockwerke kragen über Knaggen aus, in den Brüstungen finden sich Fußdreiecke. Die Schwelle des obersten Stockes ist mit einem Laubstab verziert.

Adresse: Markt 2

Umgestülpter Zuckerhut (1510/2010) ☆ 🗎

Der **Umgestülpte Zuckerhut**, so genannt, weil der Bau auf kleiner Grundfläche (17 m^2) nach oben auskragt und breiter wird, war einst ein Anbau des um 1510 errichteten Fachwerkbaus **Pfeilerhaus**. Beim Luftangriff vom März 1945 wurde das Gebäude komplett zerstört. Nach der Rekonstruktion des Hildesheimer Marktplatzes in den 1980er Jahren regte die Altstadtgilde Hildesheim den Wiederaufbau des stadtbildprägenden Pfeilerhauses an. Der Nachkriegsbau stand jedoch unter Denkmalschutz und so genehmigte die Stadt nur die Rekonstruktion des Umgestülpten Zuckerhutes, welche 2009-10 vollständig, also in zimmermannsmäßiger Bauweise, durchgeführt wurde. Heute ist das Gebäude ein touristischer Anziehungspunkt der Innenstadt.

Adresse: Andreasplatz 20

Dielingerstraße 43 (1913)

Das Fachwerkhaus Dielingerstraße wurde ursprünglich 1913 errichtet und ersetzte ein aus dem 16. Jahrhundert stammendes Fachwerkhaus. Nach seiner Zerstörung im Zweiten Weltkrieg wurde der historistische Bau in der Nachkriegszeit rekonstruiert.

Adresse: Dielingerstr. 43

3. Der Westen

Im Westen (NRW, Rheinland-Pfalz, Saarland) gibt es keine größeren Fachwerkrekonstruktionsprojekte wie etwa in Frankfurt oder Hildesheim. Bei genauerem Hinsehen findet man jedoch kleinere Maßnahmen, so wie der Krupp-Stammsitz in Essen oder die Translozierung zweier Fachwerk-Speichergebäude nach Dülmen-Buldern.

Infotafel **Kruppsches Stammhaus** in Essen

Krupp Hauptverwaltung und Stammhaus, 1893   Foto: Historisches Archiv Krupp

Das Kruppsche Stammhaus

Das so genannte Stammhaus wurde 1818/19 für den Betriebsleiter der Gussstahlfabrik errichtet. Das erste Werksgebäude lag unmittelbar dahinter. 1824 bezog der Firmengründer Friedrich Krupp mit seiner Familie das Gebäude, das in den folgenden 20 Jahren als Wohnhaus und Firmenzentrale diente. Alfred Krupp ließ es 1873 umfassend renovieren und bestimmte, dass es als Symbol für die kleinen Anfänge der Firma dauerhaft erhalten bleiben solle. Im Oktober 1944 wurde es durch Luftangriffe vollständig zerstört. Anlässlich des 150-jährigen Firmenjubiläums im Jahr 1961 wurde das Haus rund 30 Meter versetzt vom ursprünglichen Standort neu aufgebaut. 2010/11 umfassend restauriert, befindet sich das Stammhaus heute im Eigentum der Alfried Krupp von Bohlen und Halbach-Stiftung. Es ist die letzte architektonische Erinnerung an die Ursprünge der Firma Krupp.

Großer Spieker (1753/1978)

Der Große Spieker (Speicher) ist mit 1753 bezeichnet. Standort war ursprünglich ein Hof in Senden-Bredenbeck. Nach dem Krieg war der Spieker lange Zeit von Flüchtlingen bewohnt. Im Jahre 1976 bildete sich ein Arbeitskreis „Ortsmittelpunkt Buldern". Dieser beschloss, den Spieker der Familie Schulze Mönking in Senden zu erwerben und im Ortsmittelpunkt von Buldern neu aufzustellen. Dies wurde dann 1978 verwirklicht.

Adresse: Weseler Straße 64

Kleiner Spieker (Anfang 18. Jahrhundert/1980)

Nach dem Großen Spieker wurde zwei Jahre später auch ein kleinerer Spieker in der Ortsmitte von Buldern aufgestellt. Eine Tafel am Gebäude informiert:

> **Kleiner Spieker**
> Fachwerkbau Anfang des 18. Jahrhunderts. Ursprüngl. Standort Hof Lülf-Pelkum-Iker in Dülmen-Empte. Als Back und Brauhaus genutzt. Durch Arbeitskreis „Ortsmittelpunkt" 1979/80 in Buldern neu errichtet,

Adresse: Weseler Straße 64a

Kruppsches Stammhaus (1819/1961) 📄

Das 1819 errichtete Gebäude wurde 1944 bei einem Luftangriff zerstört und 1961 30 m von der ursprünglichen Stelle wieder aufgebaut.

Eine Tafel in der Nähe des Gebäudes informiert

Das Kruppsche Stammhaus
Das so genannte Stammhaus wurde 1818/19 für den Betriebsleiter der Gussstahlfabrik errichtet, Das erste Werksgebäude lag unmittelbar dahinter. 1824 bezog der Firmengründer Friedrich Krupp mit seiner Familie das Gebäude, das in den folgenden 20 Jahren als Wohnhaus und Firmenzentrale diente. Alfred Krupp ließ es 1873 umfassend renovieren und bestimmte, dass es als Symbol für die kleinen Anfänge der Firma dauerhaft erhalten bleiben solle. Im Oktober 1944 wurde es durch Luftangriffe vollständig zerstört. Anlässlich des 150-jährigen Firmenjubiläums im Jahr 1961 wurde das Haus rund 30 Meter versetzt vom ursprünglichen Standort neu aufgebaut. 2010/11 umfassend restauriert…

Adresse: Altendorfer Str. 100

Kirchstraße 2 (1926)

Das dreigeschossige Fachwerkhaus wurde laut Infotafel 1926 nach einem Brand vom Monrealer Schreiner Geishecker mit alten Stilelementen wieder aufgebaut. Das Kellergeschoss stammt noch aus dem 18. Jahrhundert.

4. Hessen

Wenn es um Fachwerkrekonstruktionen geht, fällt einem in Bezug auf Hessen hauptsächlich die Altstadt von Frankfurt ein. Mit mehr als 1200 Fachwerkhäusern in der Altstadt war Frankfurt einst eine der größten und bedeutendsten Fachwerkstädte Deutschlands. Durch die Luftangriffe des Jahres 1944 wurde die Altstadt jedoch weitgehend zerstört. Erhalten gebliebene Reste fielen moderner Stadtplanung zum Opfer. Schließlich wuchs jedoch das Verlangen nach einer *Guten Stube* im Herzen der Stadt und so wurde Anfang der 1980er Jahre die Ostzeile des Römerbergs rekonstruiert, teilweise Neubauten im alten Stil, jedoch mit Betonkern und in historisch nicht belegten Formen. Das gilt insbesondere für den Dachsberg und den Laubenberg. Als das 1974 erbaute Technische Rathaus nach 2000 sanierungsbedürftig war, beschloss die Stadt den Abriss und eine kleinteilige Neubebauung der Altstadt nach historischen Vorbildern. So kam eine weitere wichtige Rekonstruktion hinzu, die Goldene Waage. Der Fachwerkbestand Frankfurts wurde so mit einigen, zum Teil spektakulären Fachwerkneubauten in zentralen Innenstadtlagen ergänzt. Weitere wichtige Rekonstruktionen bzw. Teilrekonstruktionen finden sich in Hanau und Fulda.

Frankfurt

Gebäude	erbaut	neu erbaut	Maßnahme
Großer Engel	1562	1984	Reko
Kleiner Dachsberg	1541	1984	(Reko)
Kleiner Laubenberg	1381	1984	Reko
Großer Laubenberg	1381	1984	Reko
Zum Schwarzen Stern	1610	1983	Reko
Goldene Waage	1619	2018	Reko
Alter Esslinger	17. Jh	2018	Reko
Hof zum Rebstock	18. Jh	2018	Reko
Braubachstraße 21	16. Jh	2018	Reko

Großer Engel (1562/1984) ☆ 🗎

Das 1562 erbaute schmale Fachwerkhaus wurde durch einen Luftangriff im März 1944 zerstört, jedoch 1983-84 im Zuge der Rekonstruktion der Ostzeile des Römerbergs originalgetreu wieder aufgebaut.
Das Gebäude zeigt spätgotische Stilelemente, wie ein steinernes Untergeschoss und den von einem spitzen Türmchen gekrönten Erker,
aber auch mit Schnitzereien reich verzierte Balken, und damit den
Einfluss der Renaissance.

Adresse: Römerberg, Ostzeile

Kleiner Dachsberg und Schlüssel (16. Jh.1983)

Einst waren Dachsberg und Schlüssel ein Doppelhaus unter einem
Dach, was noch heute an der Fensteranordnung nachempfunden wird.
Bis zu seiner Zerstörung war das Gebäude verschiefert und die darunter liegende Fachwerkkonstruktion nicht bekannt. Das heutige Sicht-
fachwerk des im Kern aus Beton bestehenden Gebäudes ist deshalb
historisch nicht belegt. Die Fachwerkfassade ist nicht wie historische
Vorbilder ausgefacht, sondern besteht aus Leisten, Platten und Hohl-
räumen und geht nicht in die Tiefe. Das Fachwerkmuster zeigt hauptsächlich Andreaskreuze, im Giebel auch einzelne Renaissance-Zie-
relemente.

Adresse: Römerberg 20, 22

Großer Laubenberg (vor 1500/1983)

Das um 1500 erbaute Haus war das ursprünglich älteste am Samstagsberg. Da das Haus bis 1944 verschiefert war ist die Fachwerkstruktur historisch nicht nachweisbar. Mit gebogenen, überkreuzten Eckstreben und Viertelkries-Fußbändern sind jedoch spätmittelalterliche Gestaltungsmerkmale nachempfunden worden. Über einem Sandsteinerdgeschoss kragen die oberen Geschosse leicht vor.

Adresse: Römerberg 18

Kleiner Laubenberg (1381/1984)

Das rekonstruierte (Betonkern mit vorgeblendeter Fassade) Fachwerkhaus **Kleiner Laubenberg** hat ein Erdgeschoss mit Putz/Sandsteinfassade und drei Geschosse mit Fachwerkfassade, teilweise mit Andreaskreuzmuster. Der Giebel ist verschiefert. Das Haus *Kleiner Laubenberg* ist deutlich größer als der links davon stehende *Große Laubenberg* mit seinen grauen Balken.

Adresse: Römerberg, Ostzeile 16

Zum Schwarzen Stern (1610/1983) ☆

Goethe lobte das Fachwerkhaus einst als „Frankfurts schicklichste Bauweise". Einst war es das fensterreichste Gebäude der Stadt, denn bei Kaiserkrönungen im nahen Dom vermieteten die Besitzer die Fenster an Schaulustige, die den Krönungszug sehen wollten. Das Gebäude brannte im März 1944 nach einem Luftangriff bis auf das Untergeschoss ab, wurde jedoch 1983 originalgetreu wiederaufgebaut.

Adresse: Römerberg 6

Haus zur Goldenen Waage (1619/2018) ☆ 📄

Als das 1974 erbaute Technische Rathaus nach 2000 sanierungsbedürftig war, beschloss die Stadt den Abriss und eine kleinteilige Neubebauung der Altstadt nach historischen Vorbildern. Die Rekonstruktion der **Goldenen Waage** mit ihrem Schieferdach und den roten
Fachwerkbalken war dabei das aufwändigste Einzelprojekt. Die
schöne detailreiche Renaissancefassade des Originals stammte aus
dem Jahr 1619. Bis 2018 wurde die Rekonstruktion abgeschlossen.
Heute bleiben hier viele Touristen spontan stehen, um ein Foto zu machen.

Adresse: Höllgasse/Markt

Alter Esslinger (17. Jh/2018)

Ursprünglich im 17. Jahrhundert erbauter dreigeschossiger traufständiger Spätrenaissancebau mit Rautenmuster und hohem Zwerchhaus. Das rekonstruierte Haus zeigt wie früher eine relativ großzügige Geschosshöhe und einen verschieferten Giebel.

Adresse: Hinter dem Lämmchen 4

Hof zum Rebstock (Mitte 18. Jh/2018)

Das besondere an diesem Gebäude sind die vorgelagerten Lauben-
gänge, auch zur Innenhofseite. Ursprünglich Mitte des 18. Jahrhun-
derts unter Verwendung eines gotischen Vorgängerbaues entstanden,
wurde das Gebäude bis 2017 wieder errichtet.

Braubachstraße 21 (16. Jahrhundert/2018)

Das im Laufe der Zeit mehrfach baulich veränderte Gebäude zeigte vor der Zerstörung eine 1905 zum Vorschein gekommene Brandwand aus Bruchsteinen, die auf den Verlauf der karolingisch-ottonischen Stadtmauer verwies. Beim Wiederaufbau wurde diese Brandwand rekonstruiert. Das Fachwerk des rekonstruierten Baues lehnt sich überdies an die Stilformen der Spätrenaissance an.

Altes Rathaus (vor 1500)

Die Barockstadt Fulda ist eher fachwerkarm. Das prächtige Fachwerkrathaus, welches im Kern aus der Zeit vor 1500 stammt und zwischen 1531 und 1782 als Rathaus genutzt wurde, sticht jedoch an zentraler Stelle hervor. Dabei sah es noch in den 1960er Jahren unansehnlich aus. Während in anderen Städten in dieser Zeit historische Architektur durch Neubauten ersetzt wurde, ging man in Fulda einen anderen Weg. 1968-70 wurde das Rathaus unter der Leitung des Architekten Ernst Kramer nach historischen Vorlagen aufwändig teilrekonstruiert. Es bekam wieder einen Giebel und die gotischen Türmchen wurden wieder errichtet.

Adresse: Unterm Heilig Kreuz 10

Deutsches Goldschmiedehaus (1538/1950er Jahre) ☆ 🗎

Das **Deutsche Goldschmiedehaus** war das ehemalige Rathaus der Stadt Hanau und hieß deshalb auch **Altstädter Rathaus**. Erbaut wurde es 1538 im Übergang zwischen Spätgotik und Frührenaissance. Auf einem steinernen Sockelgeschoss wurden zwei Fachwerketagen errichtet, die von steinernen Giebelwänden eingefasst werden. Im Zweiten Weltkrieg brannte das Gebäude bis auf die Grundmauern nieder. Die steinernen Giebelwände blieben jedoch erhalten. In den 1950er Jahren wurde das Gebäude rekonstruiert. Heute wird es als Museum rund um das Thema Goldschmiedekunst genutzt.

Adresse: Altstädter Markt 6

Hirschberg 13 (1321/1977) ★

Das eigentlich älteste Fachwerkhaus Marburgs wurde ursprünglich bereits 1321 errichtet, nach dem verheerenden Stadtbrand des Jahres 1319. Die Stockwerke kragen leicht vor. 1977 wurde es jedoch abgerissen und danach durch Studenten rekonstruiert.

Adresse: Hirschberg 13

5. Süddeutschland

Städte mit einer großen Zahl wiederaufgebauter Fachwerkhäuser gibt es in Süddeutschland eigentlich nicht. Es gibt jedoch interessante Einzelmaßnahmen, die vom Wiederaufbau kurz nach dem Krieg, Translozierungen bis zur Teilrekonstruktion in jüngeren Jahren reichen. Insgesamt sind solche Maßnahmen in Baden-Württemberg etwas häufiger als in Bayern. In Nürnberg wurden jedoch auf Initiative der Altstadtfreunde viele kleinere Maßnahmen durchgeführt, so die Fachwerkfreilegungen an einigen Altstadt-Fassaden.

Baden-Württemberg

Gebäude	erbaut	neu erbaut	Maßnahme
Balingen, Zollernschloss	1255	1936	Reko
Geislingen, Kornschreiberhaus	1397	1990er	Reko
Plochingen, Altes Rathaus	1530	1977	Transloz
Beilstein, Kelterle		1981	Neubau
Waldenbuch, Rathaus	1757	1953	Neu/Reko

Bayern

Gebäude	erbaut	neu erbaut	Maßnahme
Aschaffenburg, Löwenapotheke	1500	1995	Reko
Rothenburg, Gerlachschmiede	1469	1951	Reko
Schweinfurt, Bandel-Haus	1563	2022	Teilreko

Zollernschloss (um 1255/1936)

Die Grundmauern des Balinger Zollernschlosses stammen nach Untersuchungen aus dem 13. Jahrhundert, die Obergeschosse wurden 1372 erneuert. Aufgrund von Baufälligkeit musste die Giebelseite zum Fluss 1681 abgerissen werden, sie wurde 1682 wieder aufgebaut. 1920 kaufte die Stadt Balingen das Schloss und das Reiterhaus. Dieses war jedoch so baufällig, dass ein Abriss empfohlen wurde. Der fand schließlich im Jahr 1935 statt, 1936 wurde das Gebäude unter Verwendung möglichst vieler Originalteile wieder aufgebaut. Heute findet sich im Schloss ein Museum. Zur Landesgartenschau 2023 in Balingen wurde das Eyachufer gegenüber dem Schloss für Fußgänger zugänglicher gemacht.

Adresse: Schloßstraße 6

Kornschreiberhaus (1397/1990er Jahre)

Das Kornschreiberhaus ist das älteste Fachwerkhaus des Kreises Göppingen. Der Gewölbekeller, über dem es 1397 erbaut wurde, ist sogar noch älter. Das Dach war ursprünglich mit Stroh gedeckt (und ist es jetzt wieder). Der Fenstererker wurde 1503 auf Wunsch des damaligen Stadtschreibers eingebaut. Im Jahre 1800 wurde im Haus Eduard Mauch geboren, ein Zeichenlehrer, der später am Bau des Ulmer Münsters beteiligt war. 1989 erwarb das Ehepaar Stahl das abrissgefährdete Gebäude, trug es systematisch ab und ließ es unter Verwendung der alten Hölzer wieder im originalen Erscheinungsbild errichtet.

Adresse.: Moltkestraße 7

Kelterle (1981)

Die historische Kelter (Gebäude mit einer Kelter, einer Fruchtpresse) von Etzlenswenden (einem Ortsteil von Beilstein in Württemberg) wurde wegen eines Straßenbauprojektes abgerissen. Als Ersatz errichtete man 1981 ein kleines 'Kelterle' mit Glockenturm und Versammlungsraum, welches auch als Bushaltestelle dient.

Adresse: Gottlieb-Schulz-Straße

Altes Rathaus (1530)

Das **Alte Rathaus von Plochingen,** einer von Verkehrsinfrastruktur geprägten Stadt mit kleiner Altstadt, ist ein markanter alemannischer Fachwerkbau. Im Rahmen der Innenstadtsanierung wurde das Gebäude 1977 von der Neckarstraße an den Marktplatz versetzt. Die freistehenden Holzbalken, die das erste Stockwerk stützen, sind in Beton eingefasst, was das Gesamtbild etwas beeinträchtigt.

Adresse: Am Markt 1

Rathaus (1953)

Die kleine, auf einem Landrücken gelegene ostwürttembergische Stadt Waldenburg wurde im Zweiten Weltkrieg völlig zerstört, darunter auch das Alte Rathaus, welches 1757 errichtet worden war. Wo einst verwinkelte Gassen verliefen, führt heute eine breite Straße quer durch die Altstadt. Das Rathaus der Stadt wurde jedoch 1953 in Anlehnung an historische Stilformen vereinfacht wieder aufgebaut.

Adresse: Hauptstraße 13

Löwenapotheke (um 1500/1995) ☆ 🗎

Die um 1500 erbaute Löwenapotheke in Aschaffenburg mit ihrer von vielen Halbkreisen und anderen Bögen geprägten Fachwerkstruktur wurde 1945 bei einem Luftangriff zerstört. In den Jahren 1991-95 wurde sie jedoch im alten Stil rekonstruiert.

Adresse: Dalbergstraße 11

Gerlachschmiede (1469/1951) ☆

Bei einem Besuch der touristischen Mittelalter-Idylle Rothenburg ob
der Tauber vermutet man kaum, dass im Zweiten Weltkrieg Bomben
auf die Stadt fielen. Die **Gerlachschmiede** an der Stadtmauer wurde
dabei völlig zerstört. Bis 1951 wurde sie jedoch nach historischem
Vorbild wieder rekonstruiert. Bis 1967 war die Schmiede sogar noch
in Betrieb. Heute wird das Gebäude für Wohnzwecke genutzt und
kann nur von außen besichtigt werden.

Adresse: Wenggasse 50

Ehem. Bandel-Haus (1563/teilw. Rekonstruktion 2022)

Im Zweiten Weltkrieg wurde die 1563 errichtete Prunkfassade des Altstadthauses zerstört. Hinter einfachen Fassaden schlummerten jedoch noch historische Gebäudekerne. Durch aufwendige handwerkliche Arbeiten konnte in den Jahren 2021-22 die Prunkfassade und auch die Fachwerkelemente wieder hergestellt werden und aus dem unscheinbaren Gebäude wurde wieder ein Schmuckstück der Altstadt.

Adresse: Burggasse 17

6. Europa

Shakespeare´s Globe (1599/1997)

Das ursprüngliche Globe-Theater wurde 1599 erbaut, William Shakespeare (1564-1616) schrieb damals seine Stücke für dieses Theater. 1613 wurde es durch einen Brand zerstört, 1614 wieder errichtet und dann 1644 abgerissen. 230 Meter vom ursprünglichen Standort entfernt wurde im Jahre 1997 eine sich an den Vorbildern von 1599 und 1614 orientierende Rekonstruktion errichtet, die aufgrund neuzeitlicher Sicherheitsvorschriften jedoch statt 3000 nur noch 1400 Plätze bot. Initiiert hatte den Neubau seit 1970 der amerikanische Schauspieler Sam Wanamaker (1919-1993), der die Eröffnung jedoch nicht mehr erlebte.

Adresse: New Globe Walk, London SE1

Schlusswort

Ich hoffe, die kleine Sammlung von rekonstruierten Fachwerkhäusern ist für die LeserInnen unterhaltsam und anregend. Über Hinweise zu weiteren interessanten Gebäuden würde ich mich freuen. Kommentare zur bestehenden Sammlung sind ebenfalls willkommen. Am besten an:
Richard.deiss@gmail.com

In Landau/Isar gesehen.

Zum Autor

Richard Deiss stammt aus Isny im Allgäu, studierte in den 1980er Jahren in München Geografie und arbeitete ab den 1990er Jahren als Verkehrsplaner und im Bereich der Statistik. Heute lebt er in Kerkrade und Isny. Bei BoD hat er seit 2006 bereits mehr als 70 Titel publiziert, zuletzt sieben Bücher zu Fachwerkhäusern. Zurzeit arbeitet er an einer Buchreihe zu Gedenk- und Informationstafeln. Seine Bücher decken Themengebiete ab, zu denen es bisher wenige Veröffentlichungen gibt.

Anhang

1. Statistische Übersicht zur Buchreihe

Band 1 (Nord):	Niedersachsen, Bremen, Hamburg, Schleswig-Holstein, Mecklenburg-Vorpommern
Band 2 (Mittel/Ost):	Brandenburg, Berlin, Sachsen-Anhalt, Thüringen, Sachsen
Band 3 (NRW):	Nordrhein-Westfalen
Band 4 (West):	Rheinland-Pfalz, Saarland
Band 5 (Hessen)	Hessen
Band 6 (BW):	Baden-Württemberg
Band 7 (Bayern)	Bayern

a) Gebäude in der Buchreihe nach Bundesländern

	Geb.	Top	Wiki	pro Mio Einw.
Baden-Württemberg	125	21	28	11.1
Hessen	120	15	24	18.8
NRW	100	15	19	5.5
Niedersachsen	90	18	22	11.0
Rheinland-Pfalz	79	10	2	18.8
Bayern	75	15	19	5.6
Sachsen-Anhalt	45	8	17	20.5
Thüringen	45	7	17	21.4
Brandenburg	8	0	1	3.1
Schleswig-Holstein	4	1	0	1.3
Mecklenburg-V.	3	1	2	1.9
Hamburg	2	0	0	1.1
Bremen	1	0	1	1.4
Sachsen	1	0	0	0.2
Berlin	1	0	0	0.3
Saarland	1	0	0	1.0
Deutschland	**700**	**111**	**152**	**8.3**

Geb.: Fachwerkgebäude in der Buchreihe (7 Bände)
Top: Zahl der Gebäude in den Top 111 Deutschlands
Wiki: Gebäude mit Wikipedia-Artikel
Pro 1 Mio Einw. Zahl der enthaltenen Fachwerkgebäude pro 1 Mio Einwohner

b) Gebäude in der Buchreihe nach Baujahren

	Vor 1400	1400-1499	1500-1599	1600-1699	1700-1799	1800-
Baden-Württemberg	10	33	35	31	20	
Hessen	7	21	30	37	17	2
NRW		5	28	36	17	10
Niedersachsen		3	47	30	4	2
Rheinland-Pfalz	1	4	27	33	8	1
Bayern	3	18	26	16	10	1
Sachsen-Anhalt	1	6	22	12	3	2
Thüringen	1	4	13	21	2	4
Brandenburg		0	3	1	4	
Schleswig-Holstein			2	1		
Mecklenburg-V.				2	1	
Hamburg				1		1
Bremen						1
Sachsen			1			
Berlin					1	1
Saarland				1		
Deutschland	23	94	234	222	87	25

58

c) Abdeckung der Orte der Deutschen Fachwerkstraße

	Orte insg.	Orte Deutsche Fachwerkstraße	Enthaltene Orte der Deutschen Fachwerkstraße
Baden-Württemberg	74	32	23
Hessen	60	35	26
NRW	56	0	0
Niedersachsen	39	15	10
Rheinland-Pfalz	33	1	1
Bayern	31	17	7
Sachsen-Anhalt	14	4	4
Thüringen	16	7	5
Brandenburg	2	0	0
Schleswig-Holstein	2	0	0
Mecklenburg-V.	3	0	0
Hamburg	1	0	0
Bremen	1	0	0
Sachsen	1	7	0
Berlin	1	0	0
Saarland	1	0	0
Deutschland	**335**	**118**	**76**

d) Städte in Deutschland mit einst oder heute mehr als 400 Fachwerkhäusern

Stadt	Häufigste Angabe Zahl FW (Obergrenze)	Vor dem Zweiten Weltkrieg
Goslar	1500	
Quedlinburg	1300 (-2000)	
Homberg/Efze	1000 (ganzes Stadtgebiet)	
Eschwege	1000	
Wolfenbüttel	700 (600-1000)	
Hann. Münden	700	
Salzwedel	600	
Bad Sooden-Allendorf	600	
Wernigerode	600	
Duderstadt	550	
Celle	500	
Frankfurt	500	Vor dem 2. WK etwa 2000, heute in Höchst noch ca. 400
Halberstadt	450	1600 (im Krieg 600 zerstört, in der DDR-Zeit ca. 600 abgerissen)
Melsungen	450	
Osterode	450	
Wetzlar	402	
Alsfeld	400	
Einbeck	400	
Osterwieck	400	
Hornburg	400	
Helmstedt	400	
Hildesheim	200	ca. 2000, 90% zerstört
Braunschweig	120 (Innenstadt)	800 (Altstadt), ganze Stadt bis zu 2000

2. Liste der in der Taschenbuchserie herausgestellten Top-Fachwerkhäuser nach Regionen

Meine Top-15 der Fachwerkgebäude in Mittel- und Ostdeutschland 🗎: Gebäude mit Wikipedia-Artikel

Land	Stadt, Fachwerkgebäude
Sachsen-Anhalt	Haldensleben, **Kühnesches Haus** 🗎
	Halle, **Graseweghaus**
	Quedlinburg, **Word 3** 🗎
	Quedlinburg, **Breite Straße 53** 🗎
	Quedlinburg, **Klopstockhaus** 🗎
	Stolberg, **Alte Münze** 🗎
	Wernigerode, **Rathaus** 🗎
	Wernigerode, **Krummelsches Haus** 🗎
Thüringen	Eisenach, **Lutherhaus** 🗎
	Meiningen, **Büchnersches Hinterhaus**
	Suhl-Heinrichs, **Rathaus**
	Themar, **Amtshaus**
	Treffurt, **Kirchstraße 31** 🗎
	Vacha, **Widmarckt (Rathaus)**
	Weimar, **Watzdorfer Geleitschenke** 🗎

Zusätzliche 5 Häuser mit Besonderheiten, welche sie optische besonders attraktiv machen:

Sachsen-Anhalt

Wernigerode	Kleinstes Haus	Sehr klein

Thüringen

B. Salzungen	Kurhaus	Anmutung
Eisenach	Schmales Haus	Sehr schmal
Mühlhausen	Schmalstes Haus	Sehr schmal
Nordhausen	Torhaus Spendenkirchhof	Kubatur

Die Top-15 Fachwerkgebäude im Band Nordrhein-Westfalen

Insgesamt 100 Gebäude im Buch, darunter 19 mit Wikipedia-Artikel

RB Düsseldorf	**Pfarrhaus,** Gruiten-Dorf
	Suitbertusstuben, Ratingen
RB Köln	**Windeckhaus,** Bad Münstereifel
RB Münster	**Alte Post,** Drensteinfurt,
RB Arnsberg	**Stoltz'sches Haus,** Bad Laasphe
	Altes Rathaus, Hattingen 📄
	Kumpfstraße, Altenhundem
RB Detmold	**Amelunxenscher Hof,** Höxter 📄
	Haus Horstkotte, Höxter
	Adam-und-Eva-Haus, Paderborn 📄
	Spieker, Atteln 📄
Kreis Lippe (RB Detmold)	**Rathaus,** Blomberg 📄
	Altes Amtshaus, Blomberg
	Rathaus, Schwalenberg 📄
	Haus Malz, Vlotho 📄

Die Top-20 Fachwerkgebäude im Band Norddeutschland

Insgesamt 100 im Buch, davon 28 mit Wikipedia-Artikel

Region	Fachwerkgebäude, Stadt
Braunschweig	**Alte Waage,** Braunschweig 🗎 ☆
	Rathaus, Duderstadt 🗎
	Hessesches Haus, Duderstadt
	Altes Rathaus, Einbeck 🗎
	Eickesches Haus, Einbeck 🗎
	Siemenshaus, Goslar 🗎
	Kassebeersches Haus, Northeim
Hannover	**Lateinschule,** Alfeld 🗎
	Bürgerhus, Hameln
	Stiftshaus, Hameln 🗎
	Knochenhaueramtshaus, Hildesheim 🗎☆
	Wedekindhaus, Hildesheim 🗎☆
	Wernersches Haus, Hildesheim 🗎
	Haus zum Wolf, Stadthagen
Lüneburg	**Hoppener Haus,** Celle 🗎
	Hökerhaus, Stade
	Strukturstraße, Verden 🗎
Weser-Ems	**Degodehaus,** Oldenburg 🗎
	Haus Willmann, Osnabrück 🗎
Mecklenburg	**Gewölbe,** Wismar 🗎

Zusätzliche 5 Häuser mit Besonderheiten, welche sie optische besonders attraktiv machen

Bremen	**Wüste Stätte 1**	Schmale Form
Buxtehude	**Regionalmuseum**	Backsteinmuster
Hameln	**Lückingsches Haus**	Bemalung
Hildesheim	**Umgestülpter Zuckerhut**	Kubatur
Holzminden	**Hafenmeisterhäuschen**	Kubatur

Die Top-15 Fachwerkgebäude im Band Hessen,

Insgesamt 120 Gebäude im Buch, darunter 24 mit Wikipedia-Artikel

Nord- und Osthessen (RB Kassel)	Bad Sooden-Allendorf, **Bürgersches Haus** 📄
	Frankenberg, **Rathaus** 📄
	Fritzlar, **St. Michaelis**
	Homberg/Efze, **Gasthaus Zur Krone**
	Fulda, **Altes Rathaus**
Mittelhessen (RB Gießen)	Alsfeld, **Rathaus** 📄
	Kirchhain, **Altes Rathaus**
	Limburg, **Goldener Löwe**
	Neustadt, **Rathaus**📄
Südhessen (RB Darmstadt)	Frankfurt, **Großer Engel**
	Frankfurt, **Goldene Waage** 📄
	Idstein, **Schiefes Haus** 📄
	Idstein, **Killingerhaus**📄
	Michelstadt, **Altes Rathaus** 📄
	Seligenstadt, **Einhardsches Haus** 📄

Die Top-10 Fachwerkhäuser im Band Rheinland-Pfalz, Saar

Insgesamt 80 Gebäude im Buch, darunter 2 mit Wikipedia-Artikel

Rheinland-Pfalz	Bacharach, **Altes Haus**
	Bernkastel-Kues, **Spitzhäuschen**
	Bernkastel-Kues, **Heinzsches Haus**
	Boppard, **Bodenbachsches Haus**
	Diez, **Haus Monreal**
	Monzingen, **Alt'sches Haus**
	Monzingen, **Haus Müller**
	Neustadt/Weinstraße, **Steinhäuser Hof** 📄
	Rhens, **Altes Rathaus**
	Vallendar, **Die Traube**

Top-18 Fachwerkhäuser im Band Baden-Württembergs
Insg- 125 Gebäude im Buch , darunter 28 mit Wikipedia-Artikel

RB Karlsruhe	Calw, **Haus Schnaufer** (📄)
	Mosbach, **Palmsches Haus** 📄
	Ladenburg, **Neunhellerhaus** 📄
RB Freiburg	Schiltach, **Adler**
RB Stuttgart	Bad Wimpfen, **Schmuckkästchen**
	Besigheim, **Rathaus**
	Bietigheim, **Hornmoldhaus** 📄
	Bönnigheim, **Ratsstüble**
	Eppingen, **Baumannsches Haus** 📄
	Esslingen, **Rathaus** 📄
	Großbottwar, **Rathaus**
	Markgröningen, **Rathaus** 📄
	Schorndorf, **Palmsche Apotheke** 📄
	Schwäbisch Gmünd, **Amtshaus** 📄
	Vaihingen-Enzweihingen, **Großes Haus**
	Weinstadt-Strümpfelbach, **Altes Rathaus** 📄
RB Tübingen	Blaubeuren, **Hoher Wil**
	Ulm, **Schmales Haus**

Top-15 Fachwerkhäuser im Band Bayern

Insgesamt 75 Gebäude, davon 19 mit Wikipedia-Artikel

Unterfranken	Miltenberg, **Zum Riesen** 📄
	Miltenberg, **Haus Clausius**
Mittelfranken	Dinkelsbühl, **Deutsches Haus** 📄
	Großhabersdorf, **Gasthaus Rotes Ross**
	Nürnberg, **Pilatushaus** 📄
	Nürnberg, **Dürerhaus** 📄
	Roth, **Riffelmacherhaus**
	Rothenburg, **Jagstheimerhaus**
	Rothenburg, **Gerlachschmiede**
	Spalt, **Mühlreisighaus**
Oberfranken	Bamberg, **Rottmeisterhäuschen** 📄
	Burgkunstadt, **Rathaus** 📄
	Marktzeuln, **Rathaus** 📄
Schwaben	Memmingen, **Siebendächerhaus** 📄
	Nördlingen, **Tanzhaus**

Quellennachweis:

Bilder: Richard Deiss

Texte: Informationen zu den Texten:

<u>Gedruckte Quellen:</u>

Elmar Arnold
Hrsg: Geschäftsstelle Fachwerk5Eck, Rathaus Northeim
Die historischen Stadtkerne im Fachwerk5Eck
Städtebauliche Entwicklung und Stadtgestalt im Wandel der Jahrhunderte, 2. Auflage, Northeim 2020

Elmar Arnold
(Herausgeber: siehe oben)
Die Fachwerkarchitektur im Fachwerk5Eck
Ein Führer zu den Schätzen niedersächsischer Holzbaukunst
Northeim 2023

Elmar Arnold
Fachwerkarchitektur in Hildesheim
2. Auflage
Braunschweig 2023

Manfred Gertner
Deutsche Fachwerkstraße
Hrsg: Arbeitsgemeinschaft Deutsche Fachwerkstädte e.V.
Bad Neustadt an der Saale

<u>Online-Quellen:</u>
Wikipedia wurde als Quelle für alle Gebäude benutzt, die durch ein 🗎 gekennzeichnet sind. Zudem wurden Informationen in den Wikipedia-Seiten Liste der Baudenkmäler (pro Stadt) genutzt.

<u>Allgemein</u>

Architektur Bildarchiv
https://www.architektur-bildarchiv.de

Deutsche Fachwerkstraße
https://www.deutsche-fachwerkstrasse.de/

Fachwerkfreunde
www.fachwerkfreunde.de

Ortsspezifisch

Aschaffenburg, Löwenapotheke
http://aschaffenburger-
altstadtfreunde.de/Vereinstaetigkeit/Lowenapotheke/lowenapotheke.html

Braunschweig, Alte Waage
http://www.fachwerkfreunde.de/k2/467-alte-waage-braunschweig

Braunschweig, Hinter der Magnikirche 4
https://www.der-loewe.info/aus-dem-museum-zurueck-auf-die-strasse

Buldern, Spieker
https://www.buldern.de/Spieker_p_84.html

Essen, Kruppsches Stammhaus
https://www.visitessen.de/essentourismus_tourismusinformation/sehenswuerdigkeiten
_1/sehenswuerdigkeit_1401169.de.jsp

Frankfurt, Altstadt
https://www.visitfrankfurt.travel/erleben/sehenswuerdigkeiten/neue-altstadt

Frankfurt, Neue Altstadt
https://www.domroemer.de/wie-verlaeuft-die-rekonstruktion

Frankfurt, Goldene Waage
https://www.bauhandwerk.de/artikel/bhw_Handwerkliche_Rekonstruktion_des_Fach
werkhauses_Zur_Goldenen_Waage_in-3501206.html

Geislingen, Rekonstruktion

https://www.bba-online.de/allgemein/originalgetreu/#:~:text=Im%20April%201992%20begannen%20die,zugleich%20die%20Schwellh%C3%B6lzer%20vor%20Feuchtigkeit.

Hildesheim, Knochenhaueramtshaus

https://www.hildesheimer-geschichte.de/die-bauwerke/profanbauten/knochenhauer-amthaus-marktplatz/

Hildesheim, Wedekindhaus

https://www.hildesheimer-geschichte.de/die-bauwerke/profanbauten/wedekindhaus/

Waldenburg, Wiederaufbau

https://www.denkmalpflege-bw.de/fileadmin/media/denkmalpflege-bw/denk-male/projekte/bau-und-kunstdenkmalpflege/04_staedtebauliche-denkmalpflege/orts-analysen/ortsanalyse_waldenburg_kuen.pdf

Weitere Architekturbücher des Autors bei books on demand, www.bod.de

Deutschlands schönste Fachwerkhäuser
Meine Liste der 100 schönsten Fachwerkgebäude in Deutschland
Norderstedt 2023

Die schönsten Fachwerkhäuser in Norddeutschland
Meine Liste der 77 schönsten Fachwerkhäuser in den 5 nördlichen
Bundesländern
Norderstedt 2024

Die schönsten Fachwerkhäuser in Mittel- und Ostdeutschland
Meine Liste der 77 schönsten Fachwerkhäuser in Brandenburg, Sachsen,
Sachsen-Anhalt und Thüringen
Norderstedt 2024

Die schönsten Fachwerkhäuser in Nordrhein-Westfalen
Meine Liste der 77 schönsten Fachwerkhäuser in NRW
Norderstedt 2024

Die schönsten Fachwerkhäuser in Hessen
Meine Liste der 77 schönsten Fachwerkhäuser in Hessen,
Norderstedt 2024

Die schönsten Fachwerkhäuser im Westen Deutschlands
Meine Liste der 55 schönsten Fachwerkhäuser in Rheinland-Pfalz und im
Saarland, Norderstedt 2024

Die schönsten Fachwerkhäuser Süddeutschlands
Meine Liste der 77 sehenswertesten Fachwerkgebäude in Süddeutschland mit
Schwerpunkt Baden-Württemberg,
Norderstedt 2024

Die schönsten Fachwerkhäuser Bayerns
Meine Liste der 55 sehenswertesten Fachwerkgebäude in Franken und in
Bayerisch Schwaben
Norderstedt 2024